Findest du die richtige Stelle im Bild?

Male sie bunt an.

AF178522

○ Ein Kind auf dem Bild ist gut gegen Regen geschützt.

○ Eine Frau kauft gerade etwas Gesundes zu essen ein.

○ Ein Mann will gerade zu Hause anrufen.

○ Ein Junge macht etwas, was man auf keinen Fall machen sollte.

○ Ein Kind hat etwas, was man immer in der Schule braucht.

Erkennst du alle Wörter?

Mira kann die Schrift an der Tafel nicht gut lesen.
Alles sieht verschwommen aus. „Ich glaube, du
brauchst eine Brille", sagt die Lehrerin.

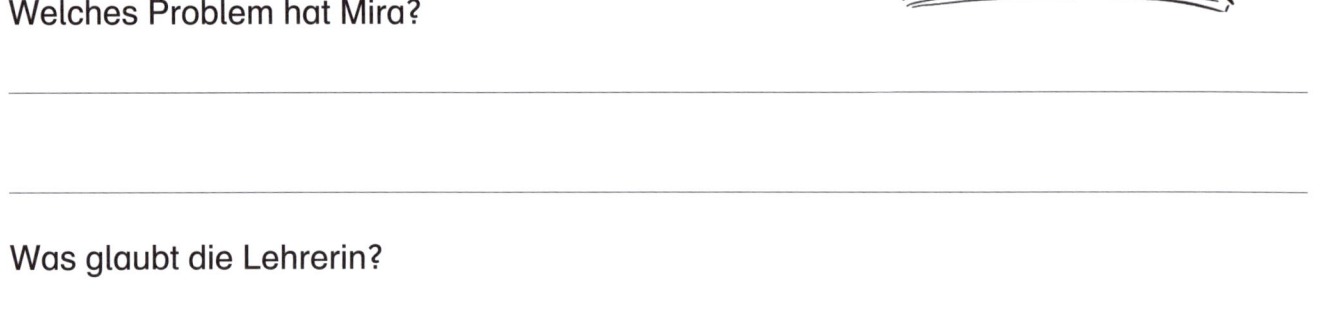

Welches Problem hat Mira?

_____

_____

Was glaubt die Lehrerin?

_____

_____

2

Was ist gemeint?

Waagerecht →

2. Da geht es mit viel Schwung hoch hinauf.
4. Hier können Leute sitzen und zuschauen.
6. Wer Fußball spielen will, braucht es.
7. Du kannst schnell nach unten sausen.

Senkrecht ↓

1. Die kleinen Kinder buddeln und bauen hier.
3. Da hochzuklettern ist manchmal schwer.
5. Zwei Kinder müssen sich abwechselnd abstoßen.

Hier sind deine Wörter:

Rutsche • Wippe • Kletterturm • Bank • Sandkasten • Tor • Schaukel

Welches Wort passt nicht dazu?

Kreise es ein.

Diese Tiere leben im Wasser.

ROBBEHAIQUALLEKREBSAMEISEFISCH

Diese Tiere leben auf dem Bauernhof.

SCHWEINKUHADLERPFERDSCHAFZIEGEHUHN

Diese Tiere leben bei uns im Wald.

SPECHTMAUSREHFUCHSDELFINEULE

Kannst du knobeln und lesen?

Einige Buchstaben haben sich verändert. So kannst du sie lesen:

e = a, i = e, o = i, a = u

> Stifen het Helswih. Biom Schlackin
> and biom Sprichin tat ohm ellis wih.
> Doi Lihriron raft sioni Mattir en.

Schreibe den Text noch einmal richtig auf.

_____

_____

_____

_____

Kannst du ganz genau lesen?

Male alles in den richtigen Farben an
und schreibe die Namen auf.

Ich heiße
_____
Mein Hase heißt
_____

Ich heiße
_____
Mein Hase heißt
_____

- Sofie hat kurze Haare und eine blaue Bluse.
- Ihr Hase heißt Hopsi.
- Das andere Mädchen heißt Melina.
- Sie trägt ein rotes Hemd.
- Hopsi hat ein braunes Fell.
- Melinas Hase ist hellgrau mit schwarzen Ohren.
- Der graue Hase heißt Kuschel.

Welcher Name ist richtig?

Kleinäugiger Zweibeintrompetenelefant ◯
Großohriger Langschwanzrennelefant ◯
Sechsbeiniger Superstoßzahnelefant ◯

Vieräugiges Zackenmaulhammerkrokodil ◯
Langohriges Zweibeinkampfkrokodil ◯
Vierbeiniges Langschwanzwasserkrokodil ◯

Einhorniges Wollhöckernashorn ◯
Zweihorniges Kleinohrschwanznashorn ◯
Hornloses Kurzhaarschwimmnashorn ◯

Findest du alle Wörter?

Male in jeder Zeile ein Wort an.

Schreibe die richtige Zahl ins Kästchen.

Es ist …

1. … ein Tier, das Erdhügel macht.
2. … ein Tier, das sehr hoch fliegen kann.
3. … ein Tier, das Höcker hat.
4. … ein Tier, das Eier legt.
5. … ein Tier, das Flossen hat.
6. … ein Tier, das bei uns im Haus wohnt.
7. … ein Tier, das sich verwandelt.
8. … ein Tier, das sein Haus herumträgt.
9. … ein Tier, das laut brüllen kann.
10. … ein Tier, das Honig macht.

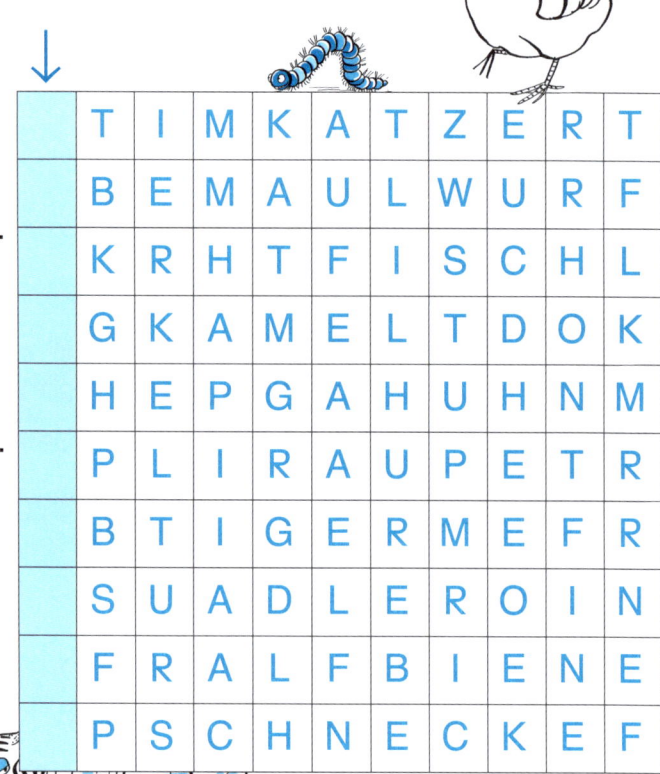

↓	T	I	M	K	A	T	Z	E	R	T
	B	E	M	A	U	L	W	U	R	F
	K	R	H	T	F	I	S	C	H	L
	G	K	A	M	E	L	T	D	O	K
	H	E	P	G	A	H	U	H	N	M
	P	L	I	R	A	U	P	E	T	R
	B	T	I	G	E	R	M	E	F	R
	S	U	A	D	L	E	R	O	I	N
	F	R	A	L	F	B	I	E	N	E
	P	S	C	H	N	E	C	K	E	F

Findest du die richtige Stelle im Bild?

Male sie bunt an.

○ Ein Kind macht gerade etwas sehr Ungesundes.

○ Eine Frau macht etwas für den Winter fertig.

○ Ein kleines Kind findet es im Sandkasten zu langweilg.

○ Zwei Kinder sind sehr stolz auf ihr Bauwerk.

○ Ein kleines Kind wird gleich satt sein.

Erkennst du alle Wörter?

Ella und Denisa sollen ihr Zimmer aufräumen.
„Ich kümmere mich um die Sachen auf dem Tisch,
nimm du alles vom Fußboden", sagt Ella.

Was sollen die beiden machen?

_____

_____

Wie verteilen sie die Aufgaben?

_____

_____

Was ist gemeint?

Waagerecht →

3. Daraus kannst du trinken.
5. Wir legen das Essen darauf.
7. Du brauchst ihn, wenn du etwas kochen willst.
8. Du benutzt sie oft zum Essen.

Senkrecht ↓

1. Du kannst Tee, Wasser oder Saft hineinfüllen.
2. Du legst darauf Dinge, die du schneiden willst.
4. Damit kannst du Brot und Gemüse schneiden.
6. Er ist nützlich beim Essen von Suppe und Nachtisch.

Hier sind deine Wörter:

Messer • Kanne • Becher • Gabel • Brett • Topf • Löffel • Teller

11

Welches Wort passt nicht dazu?

Kreise es ein.

Das findest du
in der Küche.

TELLERTASSETOPFGABELBETTMESSERPFANNE

Das haben wir
Badezimmer.

SEIFEHANDTUCHZAHNBÜRSTEMARMELADEFÖN

Das gibt es in
der Sporthalle.

SEILBALLMATTETORGABELRINGEBANK

12

Kannst du knobeln und lesen?

Einige Buchstaben haben sich verändert. So kannst du sie lesen:

e = a, i = e, o = i, u = o, a = u

Tuboes and Fluroen beckin hiati Pozze.
Dir Tiog ost schun firtog. Nan bisprichin
soi, wes soi dereaf ligin wullin.

Schreibe den Text noch einmal richtig auf.

_____

_____

_____

_____

Kannst du ganz genau lesen?

Male alles in den richtigen Farben an und
schreibe die Namen und Sportarten auf.

Ich heiße

_____

Ich spiele gerne

_____

Ich heiße

_____

Ich spiele gerne

_____

◎ Der Junge mit der Brille heißt Nino.
◎ Ihm gehört das gelbe Fahrrad.
◎ Ninos Hose ist schwarz.
◎ Davids Fahrrad ist rot.
◎ Nino spielt sehr gerne Basketball.
◎ Davids Lieblingssport ist Fußball.
◎ Er hat eine blaue Hose an.

14

Welcher Name ist richtig?

Sechsbeinige Wiesenwaldameise ⬡
Achtbeinige Wirbelwindameise ⬡
Zehnbeinige Winterhaufenameise ⬡

Armlose Königsgifthornraupe ⬡
Hornlose Langhaarwaldraupe ⬡
Beinlose Sommerblattfraßraupe ⬡

Großhäusige Gartensalatschnecke ⬡
Langbeinige Blumenbeetschnecke ⬡
Vieräugige Meereswasserschnecke ⬡

Findest du alle Wörter?

Male in jeder Zeile ein Wort an.

Schreibe die richtige Zahl ins Kästchen.

Es ist …

1. … etwas in der Küche.
2. … etwas in der Schule.
3. … etwas im Krankenhaus.
4. … etwas im Haus.
5. … etwas im Geschäft.
6. … etwas im Badezimmer.
7. … etwas im Auto.
8. … etwas im Bett.
9. … etwas in der Turnhalle.
10. … etwas im Wohnzimmer.

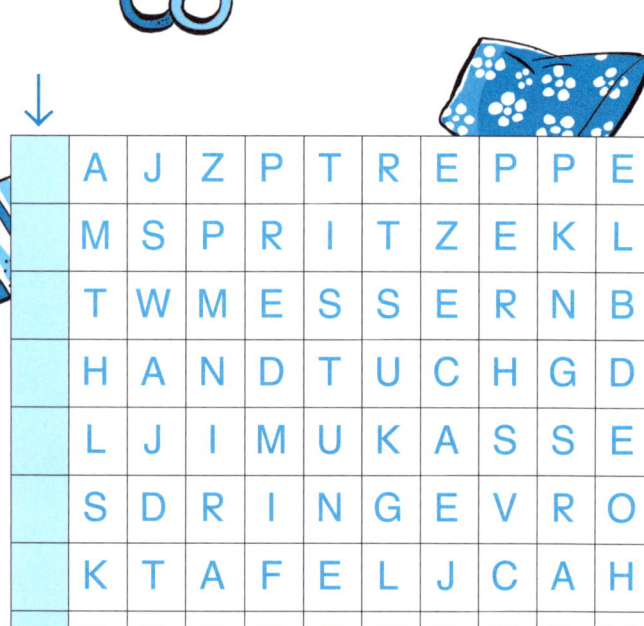

	A	J	Z	P	T	R	E	P	P	E
	M	S	P	R	I	T	Z	E	K	L
	T	W	M	E	S	S	E	R	N	B
	H	A	N	D	T	U	C	H	G	D
	L	J	I	M	U	K	A	S	S	E
	S	D	R	I	N	G	E	V	R	O
	K	T	A	F	E	L	J	C	A	H
	F	E	R	N	S	E	H	E	R	M
	B	R	K	I	S	S	E	N	T	G
	S	F	E	N	B	G	U	R	T	W

16

© 2012 Cornelsen Schulverlage GmbH, Berlin. Alle Rechte vorbehalten.

Findest du die richtige Stelle im Bild?

Male sie bunt an.

○ Ein Kind sieht so aus, als hätte es Schmerzen.

○ Ein Kind ist sehr zufrieden und freut sich.

○ Eine Frau findet es hier anscheinend etwas langweilig.

○ Ein Mann hat Hunger.

○ Ein Kind hat ein bisschen Angst.

Erkennst du alle Wörter?

Heute geht die Klasse 2b in die Bücherei. Alle Kinder dürfen sich neue Bücher ausleihen. Aber zuerst müssen sie die alten Bücher wieder abgeben.

Wohin gehen die Kinder?

_____

_____

Was tun sie dort?

_____

_____

Was ist gemeint?

Waagerecht →

2. Sie ist grau und huscht durch Wald und Wiese.
5. Er ist glatt und schlängelt sich unter der Erde.
6. Er hat sechs Beine und kann krabbeln und fliegen.

Senkrecht ↓

1. Sie hat acht Beine und webt ein Netz.
2. Er baut Erdhügel und kann nicht gut sehen.
3. Sie hat meistens ihr Haus dabei.
4. Sie lebt mit vielen anderen zusammen in einem Bau.

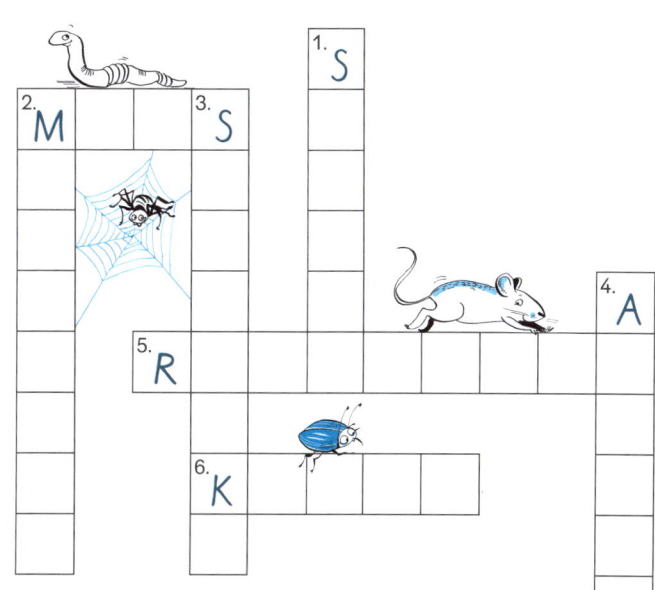

Hier sind deine Wörter:

Käfer • Ameise • Maus • Spinne • Regenwurm • Maulwurf • Schnecke

19

Welches Wort passt nicht dazu?

Kreise es ein.

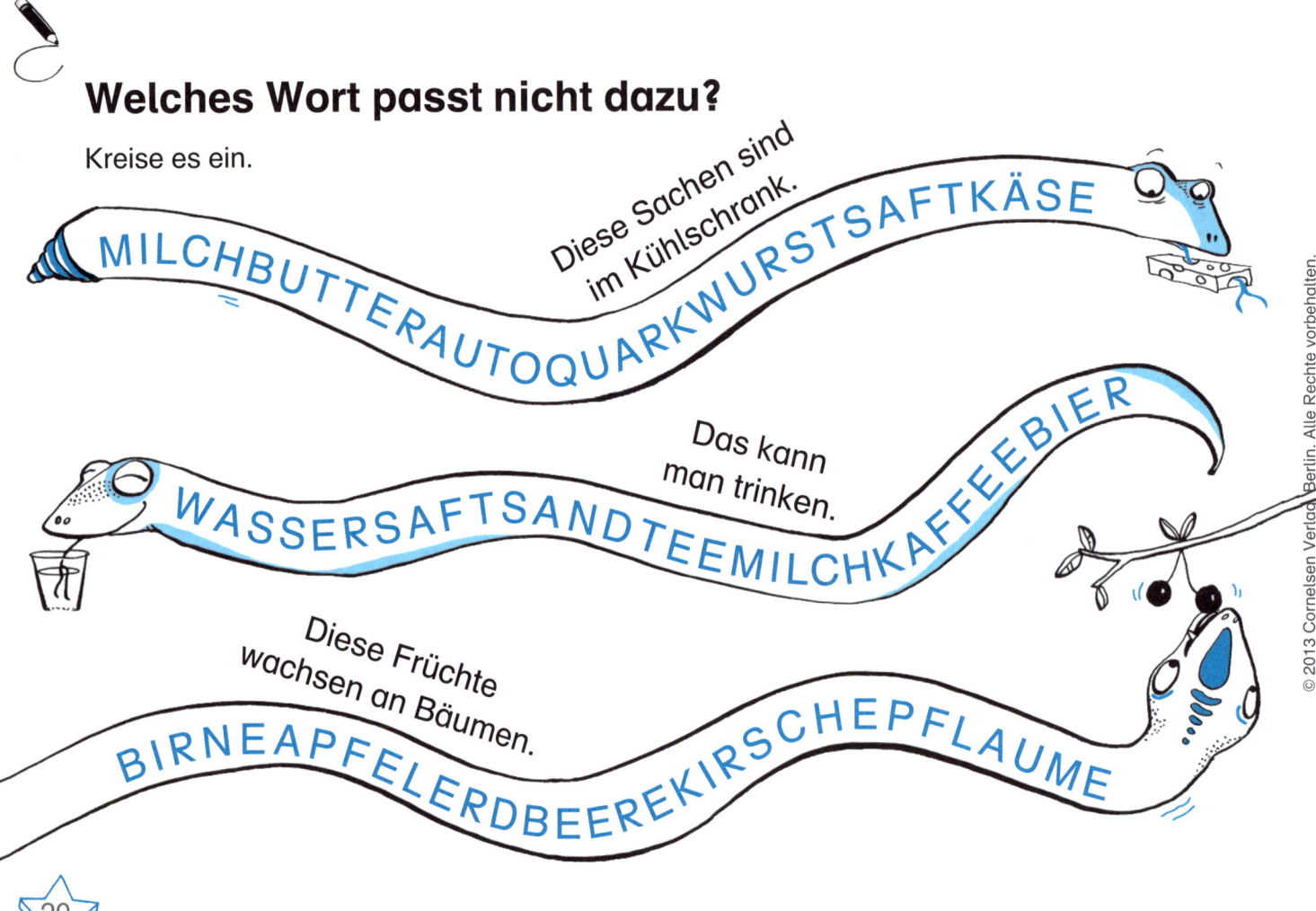

Diese Sachen sind im Kühlschrank.

MILCHBUTTERAUTOQUARKWURSTSAFTKÄSE

Das kann man trinken.

WASSERSAFTSANDTEEMILCHKAFFEEBIER

Diese Früchte wachsen an Bäumen.

BIRNEAPFELERDBEEREKIRSCHEPFLAUME

Kannst du knobeln und lesen?

Einige Buchstaben haben sich verändert. So kannst du sie lesen:

e = a, i = e, o = i, u = o, a = u

> Jidin Teg kummt Poe en ionir Beastilli vurbio. Soi bliobt ommir ioni Wioli stihin and biubechtit doi Erbiotir.

Schreibe den Text noch einmal richtig auf.

_____

_____

_____

_____

Kannst du ganz genau lesen?

Male alles in den richtigen Farben an und
schreibe die Namen und Gerichte auf.

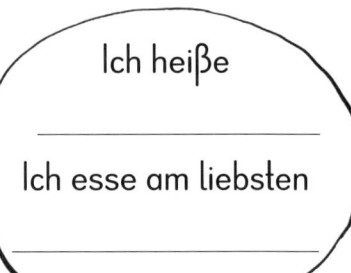

Ich heiße
_____
Ich esse am liebsten
_____

Ich heiße
_____
Ich esse am liebsten
_____

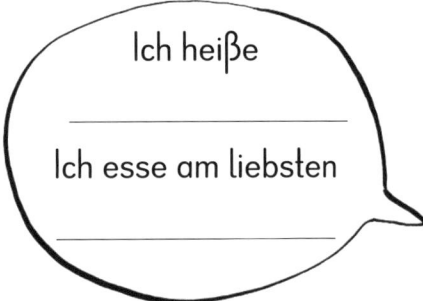

- Miriam hat einen schwarzen Zopf.
- Ihr Lieblingsessen ist Pizza.
- Katja hat einen blauen Schulranzen mit Delfinen.
- Sie hat kurze braune Haare.
- Katja isst am liebsten Spagetti.
- Auf Miriams grünem Schulranzen sind Vögel.

22

Welcher Name ist richtig?

Fransenloser Schlittenwindschutzschal ○

Gestreifter Winterschulwegschal ○

Gedrehter Zopfmusterzottelschal ○

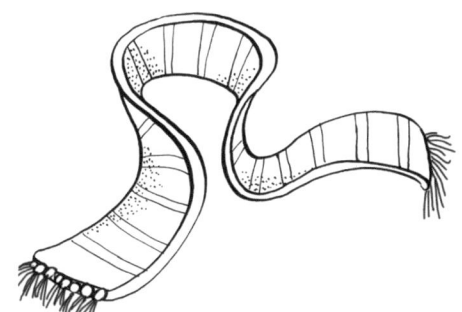

Zweiglasige Gummibandschwimmbrille ○

Ledergefasste Motorradfahrerbrille ○

Bruchsichere Schulhofsportbrille ○

Blumengeschmückter Sonnenschutzhut ○

Handgestrickter Winterspaziergangshut ○

Strohgeflochtener Strandsommerhut ○

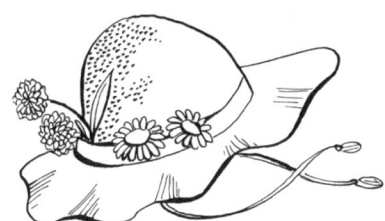

Findest du alle Wörter?

Male in jeder Zeile ein Wort an.

Schreibe die richtige Zahl ins Kästchen.

1. Damit kannst du Sport machen.
2. Damit kannst du schreiben.
3. Damit kannst du Musik machen.
4. Damit kannst du dich zudecken.
5. Damit kannst du schneiden.
6. Damit kannst du malen.
7. Damit kannst du essen.
8. Damit kannst du besser sehen.
9. Damit kannst du dich informieren.
10. Damit kannst du dich waschen.

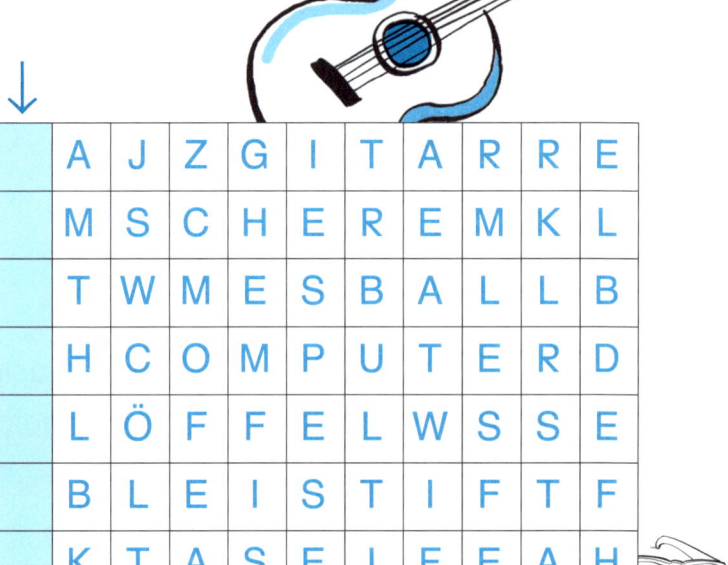

	A	J	Z	G	I	T	A	R	R	E
	M	S	C	H	E	R	E	M	K	L
	T	W	M	E	S	B	A	L	L	B
	H	C	O	M	P	U	T	E	R	D
	L	Ö	F	F	E	L	W	S	S	E
	B	L	E	I	S	T	I	F	T	F
	K	T	A	S	E	I	F	E	A	H
	F	B	R	I	L	L	E	G	R	N
	V	R	K	F	D	E	C	K	E	G
	P	I	N	S	E	L	B	P	T	J

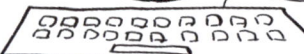

Findest du die richtige Stelle im Bild?

Male sie bunt an.

○ Ein Kind ist sehr traurig und möchte nicht Abschied nehmen.

○ Ein Kind hat die Person entdeckt, auf die es gewartet hat.

○ Eine Frau scheint es sehr eilig zu haben.

○ Ein Mann hat wohl noch viel Zeit.

○ Ein Mann gibt jemandem freundlich Auskunft.

Erkennst du alle Wörter?

Kevin kann seinen Bleistift nicht finden.
Wahrscheinlich hat er ihn im Musikraum vergessen.
„Ich kann dir einen ausleihen, ich habe zwei",
sagt Pauline.

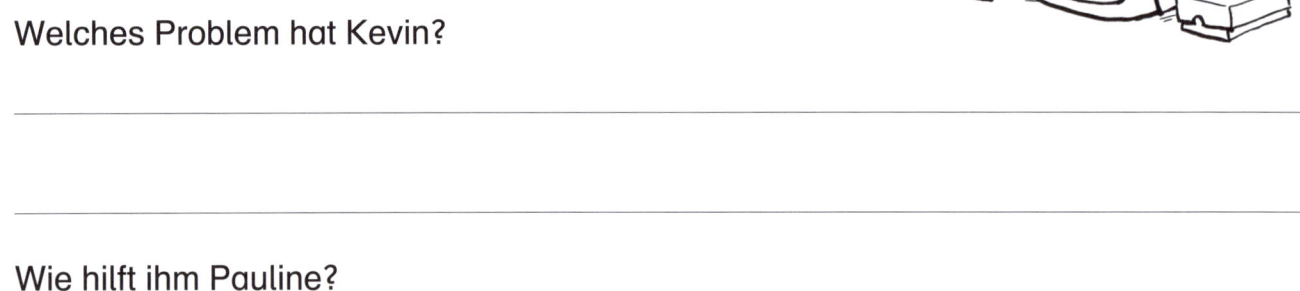

Welches Problem hat Kevin?

_____

_____

Wie hilft ihm Pauline?

_____

_____

Was ist gemeint?

Waagerecht →

2. Kinder fahren damit im Zimmer wie Erwachsene auf der Straße.
4. Du kannst mit ihnen ein schönes Bild malen.
6. Er ist rund und alle Kinder spielen gern mit ihm.

Senkrecht ↓

1. Fast alle Mädchen lieben sie.
3. Darin schläfst und träumst du jede Nacht.
4. Darin steht deine Gute-Nacht-Geschichte.
6. Er ist weich und sieht aus wie ein richtiges Tier.

Hier sind deine Wörter:

Teddybär • Puppe • Auto • Ball • Buntstifte • Buch • Bett

Welches Wort passt nicht dazu?

Kreise es ein.

Damit kannst du Musik machen.

FLÖTEGITARREKLAVIERGEIGETROMPETEHOSE

Das brauchst du zum Sport.

TURNHOSEBALLFÜLLERSCHLÄGERSPORTSCHUHE

Das benutzt du beim Essen.

GABELMESSERTELLERFEDERLÖFFELGLAS

Kannst du knobeln und lesen?

Einige Buchstaben haben sich verändert. So kannst du sie lesen:

e = a, i = e, o = i, a = u

> Doi Klessi 2c mecht hiati ionin Easflag.
>
> „Wor breachin genz voili Kestenoin",
>
> segt doi Lihriron. Elli Kondir semmiln.

Schreibe den Text noch einmal richtig auf.

_____

_____

_____

_____

Kannst du ganz genau lesen?

Male alles in den richtigen Farben an und
schreibe die Namen und Fächer auf.

Ich heiße

_____

Mein Lieblingsfach ist

_____

Ich heiße

_____

Mein Lieblingsfach ist

_____

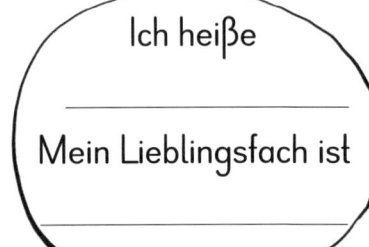

◎ Der Junge mit den schwarzen Haaren hat das gelbe Auto.

◎ Seine Kappe ist grün.

◎ Die blaue Kappe gehört Julius.

◎ Sein Auto ist rot.

◎ Der Junge mit dem gelben Auto heißt Jakob.

◎ Er liebt den Kunstunterricht.

◎ Julius schreibt lieber Geschichten.

30

Welcher Name ist richtig?

Langflügeliger Großohrwildhahn ○
Zweibeiniger Schönschwanzfederhahn ○
Kurzschwänziger Krallenkratzhahn ○

Fußlose Tiefseeschwimmgans ○
Flügellose Wüstenhöhlengans ○
Hornlose Schnabelflügelgans ○

Großohriger Wollhaarpapagei ○
Langohriger Doppelschnabelpapagei ○
Ohrloser Langschwanzpapagei ○

Findest du alle Wörter?

Male in jeder Zeile ein Wort an.

Schreibe die richtige Zahl ins Kästchen.

1. Das kann aus Gold sein.
2. Das kann aus Glas sein.
3. Das kann aus Schnee sein.
4. Das kann aus Milch sein.
5. Das kann aus Gummi sein.
6. Das kann aus aus Metall sein.
7. Das kann aus Holz sein.
8. Das kann aus Seide sein.
9. Das kann aus Papier sein.
10. Das kann auch aus Holz sein.

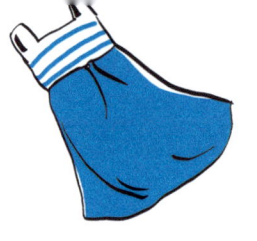

↓

	R	T	F	E	N	S	T	E	R	P
	S	C	H	N	E	E	M	A	N	N
	D	K	L	S	C	H	E	R	E	W
	G	K	A	M	H	E	F	T	Ü	K
	H	B	U	N	T	S	T	I	F	T
	P	L	I	R	W	K	L	E	I	D
	A	U	T	O	R	E	I	F	E	N
	S	U	A	D	Q	U	A	R	K	N
	F	R	T	I	S	C	H	P	N	E
	P	S	C	L	R	I	N	G	W	F

ENDE

32